SALOMÃO

SALOMÃO ERA FILHO DO REI DAVI. ELE ESTAVA MUITO VELHO, E ANTES DE MORRER CHAMOU SALOMÃO E DISSE: — *VOCÊ REINARÁ EM MEU LUGAR. RESPEITE OS MANDAMENTOS DE DEUS E GOVERNE SEGUNDO A SUA LEI. ASSIM VOCÊ SERÁ ABENÇOADO E PRÓSPERO.*

SALOMÃO FOI PROCLAMADO REI.
UM DIA, AO SUBIR A UM MONTE
PARA ORAR, DEUS LHE APARECEU
EM SONHO E DISSE: — *PEÇA O
QUE QUISER, QUE EU LHE DAREI.*

FELIZ COM O PEDIDO DE SALOMÃO, DEUS LHE DISSE:
— COMO VOCÊ NÃO ME PEDIU RIQUEZAS OU VIDA LONGA, MAS SIM SABEDORIA, EU LHE DAREI TUDO: RIQUEZAS, VIDA LONGA, E UM CORAÇÃO SÁBIO COMO NENHUM OUTRO JÁ TEVE.

O TEMPO PASSOU E A SABEDORIA DE SALOMÃO FOI RECONHECIDA.

UM DIA, DUAS MULHERES SE APRESENTARAM AO REI. UMA DELAS DISSE:

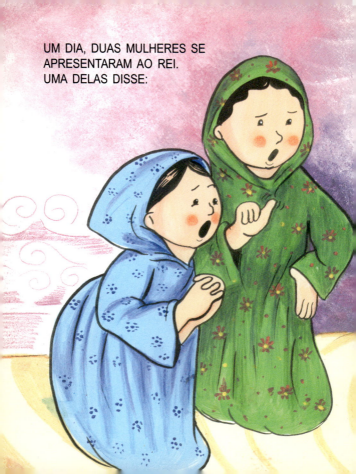

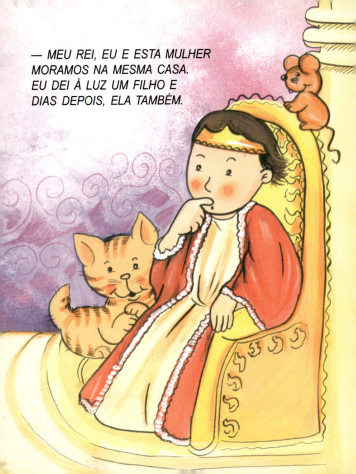

— À NOITE, O FILHO DELA MORREU PORQUE ELA SE DEITOU SOBRE ELE. ENQUANTO EU DORMIA, ELA TROCOU OS BEBÊS. QUANDO ACORDEI, VI O BEBÊ MORTO AO MEU LADO E LOGO NOTEI QUE NÃO ERA O MEU FILHO.

AÍ A OUTRA MULHER DISSE: — *NÃO! O FILHO VIVO É O MEU!* E AS MULHERES COMEÇARAM A DISCUTIR NA FRENTE DE SALOMÃO.

ENTÃO SALOMÃO ORDENOU QUE TROUXESSEM O BEBÊ E O COLOCASSEM NA FRENTE DAS MULHERES.
E ORDENOU TAMBÉM: — *TRAGAM UMA ESPADA! VAMOS CORTAR O BEBÊ AO MEIO E DAR UMA PARTE PARA CADA UMA DELAS.*

A PRIMEIRA MULHER, SENTINDO O CORAÇÃO APERTADO DE DOR, DISSE: — *MEU REI, DEIXE QUE ELA FIQUE COM O BEBÊ. NÃO MATE A CRIANÇA!* A OUTRA MULHER, PORÉM, DISSE: — *É MELHOR ASSIM. NEM PARA MIM, NEM PARA VOCÊ!*